# INSTRUMENTS-SAX

## ET

# FANFARES CIVILES

## ÉTUDE PRATIQUE

PAR

Théodore de LAJARTE.

PARIS

LIBRAIRIE DES AUTEURS ET COMPOSITEURS,

10, RUE DE LA BOURSE, 10.

1867

# INSTRUMENTS-SAX

ET

# FANFARES CIVILES.

# INSTRUMENTS-SAX

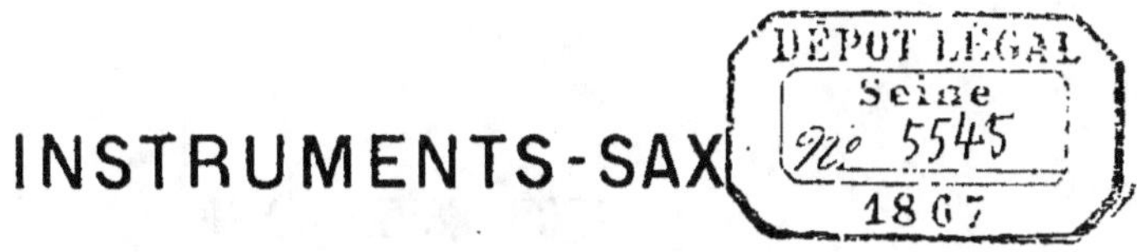

ET

# FANFARES CIVILES

## ÉTUDE PRATIQUE

PAR

Théodore de LAJARTE.

———

PARIS

LIBRAIRIE DES AUTEURS ET COMPOSITEURS,

10, RUE DE LA BOURSE, 10.

—

1867.

# A M. GEORGES KASTNER

MEMBRE DE L'INSTITUT, OFFICIER DE LA LÉGION-D'HONNEUR, ETC., ETC.

MON CHER MAITRE,

Je viens vous prier d'agréer la dédicace de ce mince opuscule.

Ce n'est qu'en lisant vos beaux ouvrages sur la musique militaire que j'ai commencé à apprendre le peu que je sais; la pratique a fait le reste.

C'est bien le moins que je rende à César ce que j'ai pris à César.

Votre ami tout dévoué,

TH. DE LAJARTE.

Cette Etude a été faite pour être lue dans une des réunions mensuelles de la *Société des Compositeurs de musique*. L'intérêt pratique en a semblé tellement frappant à nos confrères, qu'ils m'ont engagé à la faire paraître sous forme de brochure.

J'ai été très-sensible à ce vœu trop flatteur pour moi ; je lance donc ma petite *plaquette* dans le grand courant de la publicité. Puisse-t-elle donner aux membres de notre grande famille musicale l'idée de s'occuper un peu plus des instruments de cuivre ! Puisse-t-elle devenir utile, en ce sens, au répertoire des fanfares civiles !

S'il en est ainsi, mes vœux les plus ardents seront exaucés.

# INSTRUMENTS-SAX

## ET

# FANFARES CIVILES.

Je n'ai pas eu l'intention d'écrire ici un traité d'instrumentation, pas plus qu'une méthode pour apprendre à jouer des instruments de cuivre ; ce serait parfaitement superflu et ce serait,
surtout, très-ridicule de ma part. J'ai cru seulement ne pas être
importun en retraçant quelques détails pratiques qui, je l'espère,
ne seront pas inutiles à mes confrères.

Il faut, avant tout, reconnaître une chose : Les Orphéons
n'existent pas seuls en province ; autour des sociétés chorales
pullulent à l'envi une foule de sociétés instrumentales, remplies
de bonne volonté, il est vrai, possédant de bons éléments, mais
qui sont loin d'égaler les bandes civiles de l'Allemagne (1).
C'est dans l'intérêt de ces musiques départementales que j'ai
entrepris ce travail.

Les musiques d'*harmonie* — il n'existe pas d'autres noms pour
désigner les instruments en bois, c'est fâcheux, mais qu'y
faire ? — les musiques d'harmonie, dis-je, ne se trouvent que

(1) Il existe heureusement en France des sociétés bien supérieures comme
valeur artistique ; mais nous parlons ici de la majorité.

dans quelques-uns de nos grands centres, et c'est surtout dans les villes-frontières du Nord qu'elles ont acquis une plus notable supériorité; mais hélas! elles tendent presque partout à disparaître et à se transformer en *fanfares*....

Avez-vous remarqué que lorsqu'on veut s'occuper de musicologie, on se heurte sans cesse à une foule de termes impropres qui viennent barrer le chemin et gêner toutes les démonstrations? Ainsi, le mot fanfare ne rend pas du tout la pensée d'un orchestre composé d'instruments de cuivre, puisqu'en le prenant à la lettre et en consultant le dictionnaire, on trouve qu'il doit désigner, avant tout, un motif guerrier sonné par des trompettes. C'est non-seulement la partie prise pour le tout, mais c'est même l'effet produit qui donne son nom à la cause (1). Enfin, puisque le mot *fanfare* est adopté, n'ergotons pas davantage sur ce mot là, et servons nous-en puisque l'usage l'a consacré.

Bien que j'estime grandement les instruments-Sax (2), que j'apprécie hautement, les ayant examinés de près, leurs qualités indiscutables de justesse, de sonorité et d'égalité de doigter, je ne puis, malgré cela, ne point déplorer la disparition progressive des musiques d'harmonie civile; cette disparition, latente, il est vrai, mais réelle, tient surtout à l'état de choses suivant :

On trouve en province une foule, une légion de flûtistes-amateurs. — C'est étrange, n'est-ce pas? Cela peut vous étonner

(1) FANFEYNE, FANFAX.—FREDELAN, FAN FEYNE, etc., est l'un des assemblages de mots consacrés à la reproduction figurée des fanfares de trompettes. Les deux versions ci-dessus font partie des nombreux anomatopées dont fourmille le texte de la *Bataille de Marignan*, composition du célèbre Jannequin, qui n'est elle-même qu'une imitation harmonieuse de tous les bruits de guerre auquel le texte fait allusion. Cette espèce d'anomatopée a été quelquefois transportée au cor de chasse. Nous en avons tiré : *fanfare, fanfarer, fanfaron*. GEORGES KASTNER, *Parémiologie musicale*, p. 286, au mot : *Refrain*.

(2) M. Sax ne s'est pas occupé seulement des instruments de cuivre; tout le monde connaît les perfectionnements qu'il a apportés à la facture des clarinettes et des bassons. —Voyez FÉTIS, *Gazette Musicale*, 1858.

comme moi, mais nous ne pouvons le nier, c'est un fait; — On rencontre encore quelques hauboïstes; mais ils sont bien clair-semés, *apparent rari nantes...* Quant aux clarinettistes, ils brilleront bientôt par leur absence; la clarinette, en effet, est un instrument difficile qui exige des études sérieuses, des soins incessants, et nos amateurs de province ne sont pas capables d'un tel héroïsme. Par contre, les clarinettes étant pour la musique d'harmonie ce qu'est le *quatuor* pour l'orchestre, c'est-à-dire la base, le point d'appui, la partie essentielle, il en résulte que sans clarinettes il n'est point de salut pour les sociétés civiles d'harmonie. Il faut donc en prendre son parti et bien s'habituer à cette fâcheuse pensée : dans une période de temps plus ou moins courte, lorsque les derniers martyrs de la clarinette auront terminé leur vie d'abnégation et de souffrances, les dernières musiques d'harmonie auront vécu à leur tour.

En revanche, le cornet à piston compte de nombreux néophytes. Sauf les basses, qui possèdent au moins quatre pistons, tous les nouveaux instruments de cuivre ont à peu près le même doigter; il en résulte que, n'ayant pour changer d'instrument qu'à modifier un peu l'embouchure, avec une vingtaine d'élèves cornettistes on peut fonder une fanfare complète et cela dans très-peu de temps. C'est, du reste, de cette façon que les choses se passent ordinairement.

Maintenant il nous reste à faire un aveu pénible pour notre orgueil national. Il faut bien convenir entre nous que l'éducation musicale de nos sociétés civiles n'est pas dans un état très-florissant. Tous ceux qui ont eu l'honneur, comme moi, de siéger dans les jurys de concours en province, seront certainement de mon avis. Nous attribuons tous cette fâcheuse imperfection à l'exécrable musique qui fait le fond habituel du répertoire de ces sociétés. Il existe à Paris, — avouons-le bien bas — quelques boutiques borgnes où se débite, à des prix infimes, cette musique frelatée que des compositeurs, peu dignes de ce nom, fabriquent au rabais pour les industriels qui exploitent la province.

Quelques-uns de nos confrères, entre autres Emile Jonas et notre pauvre ami Demersseman, de regrettable mémoire, ont déjà commencé à faire à ces industriels une heureuse concurrence, et les sociétés départementales commencent, en jouant leurs morceaux, à comprendre la différence qui existe entre la musique malsaine d'autrefois et celle qui provient d'une plume habile.

Je viens donc demander aux compositeurs de toutes les écoles, de tous les âges et de toutes les nationalités, de vouloir bien suivre ce bon exemple. Il y a là, convenons-en, une haute question d'intérêt musical qui doit primer à l'instant toute autre question d'intérêt. Que tous ceux qui savent tenir une plume se mettent à étudier sérieusement la physionomie particulière, les différents timbres et le doigter des instruments de cuivre : alors il faut espérer que nous pourrons chasser bientôt les vendeurs d'orviétan musical du temple de l'art, et que nos sociétés instrumentales seront, je ne dis pas sauvées, mais du moins qu'elles pourront être dirigées vers un meilleur avenir.

En attendant cet heureux moment, nous allons examiner ensemble les différents instruments qui composent une fanfare bien organisée et nous prendrons pour cela comme type l'ordonnance réglementaire qui *régissait* les musiques de cavalerie : notre étalon sera, sur l'échelle diatonique, l'*ut-médium* du violon, en le comparant à l'*ut-écrit* du médium des instruments que nous aurons à étudier.

Voici comment se dispose la partition :

1° *Petit saxhorn mi-b*, improprement appelé *petit bugle*, ayant sa tonique placée une *tierce-mineure* au-dessus de l'*ut* du violon (1);

2° *Cornets à pistons* divisés en piston solo, 1ers, 2es et même 3es cornets en *si-b* ou en *la-b*, suivant la tonalité réelle du morceau que l'on veut instrumenter; cependant on se sert plus généralement du ton de *si-b* que de l'autre :

3° La famille des *saxophones* qui n'étaient pas prescrits, mais seulement tolérés, dans les bandes de cavalerie et desquels nous ferons tout à l'heure une étude détaillée;

4° 1re et 2e *trompettes à pistons* en *mi-b*, placées une *tierce-mineure* au-dessus de l'*ut* du violon (2);

5° 3 ou 4 *trombones*;

6° 1er et 2e *saxhorns-soprani* (3), autrement dits : *bugles* en *si-b*, qui sont placés à la même échelle que les cornets à pistons;

7° 1er et 2e *saxo-trombas* ou *saxhorns-altos*, en *mi-b*, placés une *sixte majeure* au-dessous de l'*ut* du violon;

8° 1er et 2e *saxhorns-barytons*, en *si-b*, une *neuvième-majeure*, au-dessous de l'*ut* du violon;

9° Les *basses*, divisées ainsi : 1° basses *si-b*, une *seconde majeure* au-dessous de l'*ut-médium* du violoncelle; 2° contre-basses *mi-b*, donnant la *quinte* et contrebasses *mi-b*, donnant l'octave au-dessous des basses *si-b*;

---

(1) Il existe encore un *petit saxhorn aigu si-b.*, placé une *quinte* encore plus haut que le saxhorn *mi-b*. M. Arban l'a joué à Saint-Eustache, en 1855, dans le *Te Deum* de M. Hector Berlioz, et y fit un effet prodigieux. Le morceau où M. Berlioz employa cet instrument est intitulé : *Marche pour la présentation des drapeaux*. On l'entendit encore, la même année, aux concerts que M. Berlioz a dirigé dans le Palais de l'Exposition universelle, aux Champs-Elysées.

(2) A la même position que le petit saxhorn.

(3) On les appelle aussi : saxhorns *contraltos*.

10° *Batterie :* tambour, grosse caisse, cymbales. etc., etc., dont on ne se sert qu'exceptionnellement.

Sauf les saxophones, tous ces instruments ont une même embouchure conique ou curviligne, qui ne diffère que par un plus ou moins grand diamètre, suivant la plus ou moins grande quantité d'air dont on a besoin pour faire vibrer le corps sonore ; un des grands mérites des inventions de M. Adolphe Sax, c'est d'avoir donné à toute la famille de ces divers instruments une égalité parfaite dans l'embouchure, dans le doigter et dans la sonorité. Remarquez bien que je n'ai pas dit : dans le timbre, entendons-nous bien.

Je ne pourrai point dans cette étude des instruments-Sax, étude que je rendrai aussi rapide que possible, vous raconter, même en quelques mots, la suite de travaux incessants qui a marqué la vie agitée de l'habile facteur; il faudrait un volume (1) pour relater toutes les persécutions injustes qu'il a subies, toutes les haines qui se sont acharnées après lui et qu'il a domptées, toutes les calomnies que l'on a semées sur sa route, lui dérobant ses idées créatrices, lui niant même sa pensée. Maintenant le jour a lui malgré les ombres dont on aurait voulu l'obscurcir, et tous les musiciens impartiaux proclament à l'envi le pas immense que M. Sax a fait faire aux instruments à vent (2).

Ceux de nos lecteurs qui voudraient connaître à fond le point de départ de ces longs travaux, qui désireraient remonter à cette fameuse date des 7 et 11 mars 1845, époque où se réunit la commission royale instituée *pour la régénération de la musique militaire en France,* devront lire attentivement un des beaux ouvrages de M. Georges Kastner, membre de l'Institut : le *Manuel général de musique militaire.* C'est dans ce livre et dans les

(1) Il existe : *la Vie d'un inventeur,* par Oscar Commettant (1858).

(2) Témoins les rapports des jurys *internationaux* aux Expositions universelles de 1851, 1855 et 1867, qui lui ont décerné la *grande médaille d'honneur, à l'unanimité.*

autres ouvrages si consciencieusement faits, si riches de documents et de preuves, du même auteur, qu'ils apprendront tous les détails et qu'ils jugeront sciemment le tout en pleine connaissance de cause.

Tout dernièrement, M. Sax — qui ne cesse de perfectionner ses inventions et qui parviendra à faire mentir le vieux proverbe : « Le mieux est l'ennemi du bien, »'—a ajouté trois pistons à tous ses instruments : cornets, saxhorns, trompettes et trombones. Ils en possèdent six maintenant. De là des cris de réprobation, des injures proférées par tous ceux qui vivaient grassement aux dépens de l'ancien système.

En deux mots, je vais tâcher d'expliquer en quoi est merveilleuse la nouvelle invention de M. Sax.

Le cornet, et surtout le cor à trois pistons, sont affligés de plusieurs notes défectueuses qui ne peuvent être corrigées que par les lèvres de l'exécutant. En voici la raison : ces instruments possèdent neuf angles obtus, trois par piston ; l'air introduit dans les tubes éprouve donc une difficulté extrême à arriver d'une manière nette et précise, surtout au troisième piston, il se heurte à chaque instant contre des obstacles infinis. La sonorité et la justesse souffrent beaucoup de cette vicieuse construction de l'instrument.

Avec le nouveau système, au contraire, il n'existe plus jamais que deux angles à franchir et ils sont même beaucoup plus adoucis que les angles de l'instrument à trois pistons ; les tubes sont, de plus, indépendants les uns des autres, et, pour couronner l'œuvre, les sons harmoniques, qui sont impraticables dans l'ancien instrument, deviennent, avec le nouveau, d'une facilité extrême (1).

Mais, malgré tout le mérite des *six pistons à tubes indépendants*.

---

(1) Les cors sont, à volonté, à trois, quatre, cinq et même six pistons. Leurs tubes étant indépendants, on peut donc transposer, en baissant, d'une tierce, d'une quarte ou d'une quinte, en laissant en dehors un, deux ou trois pistons.

que de luttes il faudra soutenir pour les faire adopter! Car on verra sans cesse se dresser contre eux la routine, le mauvais vouloir et surtout l'intérêt personnel.

Mais revenons à notre étude :

J'ai l'intention de diviser les instruments-Sax en quatre groupes bien distincts, savoir :

1° INSTRUMENTS AIGUS.

Petit saxhorn *mi-b*, cornets à pistons, saxhorns *soprani*, saxophone *soprano si-b*, et trompettes.

2° INSTRUMENTS INTERMÉDIAIRES.

Saxophones alto et ténor ; saxhorns altos et saxotrombas;

4° INSTRUMENTS MIXTES REMPLISSANT DANS LA BANDE MILITAIRE LE MÊME RÔLE QUE LES ALTOS OU LES BASSONS DANS L'ORCHESTRE.

Saxophone-baryton *mi-b* et saxhorns-barytons *si-b* ;

4° INSTRUMENTS DE BASSE.

Trombones, basses et contrebasses.

I

## INSTRUMENTS AIGUS.

Le petit saxhorn *mi b* est accordé une *quarte* au-dessus du cornet à pistons *si b*; il doit donc aider celui-ci dans ses notes les plus élevées, qui sont, pour lui-même, des notes du médium. Ainsi, pour le cornet, le *la b* et le *la naturel*, donnant à l'oreille *sol b* et *sol naturel*, deviennent pour le petit saxhorn : *mi b* e *mi naturel*, qui sont pour lui d'excellentes notes. Seulement on ne doit pas trop abuser des notes plus élevées que celles-là. Le *fa* et *sol* écrits (*la b* et *si b*) sortent très-bien, mais sont très-fatigantes pour l'artiste qui doit pincer fortement les lèvres pour les obtenir. Jouant à l'unisson (1) avec les clarinettes, les notes : *sol, la, si,* qui font à l'oreille : *si b, do, ré,* cet instrument donne une puissance inouie aux clarinettes, sans changer leur timbre, mais en quintuplant leur sonorité.

Le petit saxhorn, très-utile et d'un bon effet, manque souvent, il faut bien le dire, dans les petites fanfares civiles. Il demande une excellente embouchure, beaucoup de pratique, et les instrumentistes auxquels il est confié n'ont quelquefois ni l'une ni l'autre. Aussi faut-il ménager le petit saxhorn, ne pas lui donner une partie trop à découvert et lui marquer surtout des repos fréquents.

________________

(1) Dans les musiques d'harmonie.

Je ne m'occuperai pas des cornets à piston ; vous connaissez tous la portée de ces instruments, dont les compositeurs modernes ont peut-être un peu trop abusé, suivant moi, et qui commence à lasser les oreilles délicates. Son timbre, un peu vulgaire, gagne beaucoup à être doublé, soit par les trompettes, quand le trait est conçu dans le caractère qui leur est propre, soit par le saxhorn-soprano *si b*, dont je vais m'occuper tout à l'heure.

Il faut reconnaître, malgré tout, que le timbre du cornet a gagné beaucoup avec le nouvel instrument à 6 pistons, il est plus distingué et moins pointu. Du reste, ce qui doit militer en faveur de ce dernier, c'est qu'il est adopté au Conservatoire dans la classe de cornet de M. Forestier ; le talent et la compétence de cet habile professeur ne pourront être mis en doute un seul instant.

Quant à la trompette, dont l'acuité métallique donne tant de piquant et de relief à un orchestre, quel qu'il soit, je ne puis trop déplorer l'espèce d'abandon à laquelle je la vois condamnée. Il faut, je le crois, en reporter la faute à cette malencontreuse trompette d'harmonie, dont l'attaque était si scabreuse que les meilleurs exécutants étaient sujets à des accidents déplorables. On a eu depuis : la trompette à coulisses qui valait un peu mieux, puis la trompette à clefs, puis la trompette à trois pistons ; ceux-ci ont encore affermi le progrès obtenu, bien que la sûreté de l'embouchure y soit encore problématique.

Maintenant, avec la nouvelle trompette à six pistons, tout danger est écarté et, quoi qu'on puisse dire, le timbre primordial de la trompette a été parfaitement conservé. Usez-en donc avec confiance, mais ayez bien soin cependant de ne jamais écrire des notes plus élevées que le *mi* pour la trompette *mi bémol*, puisque l'effet à l'oreille est une tierce au-dessus de la note écrite.

Les Allemands ont l'habitude de placer leurs notes de trompette dans les cordes graves. Ils comptent avec raison sur la sonorité aiguë de l'instrument et ne se trompent que rarement sur l'effet produit. Cette méthode est peut-être la meilleure que l'on puisse conseiller aux compositeurs.

Maintenant qu'il me soit permis de faire une observation. Elle est bien un peu en dehors du sujet spécial de cette étude, mais elle se rattache trop intimement à l'instrument dont je m'occupe en ce moment, pour que je puisse l'omettre et la passer sous silence.

Depuis quelques années, nous assistons à un véritable scandale artistique, grâce aux orchestres de nos théâtres. Je ne m'occuperai aujourd'hui que du plus important de tous, de l'orchestre de l'Opéra.

Tout le monde sait que cet orchestre possède un pupitre de cornets à pistons et un pupitre de trompettes. Sans prendre le moindre souci d'une interprétation digne des grandes œuvres du répertoire ni de l'intention clairement exprimée par nos maîtres, les trompettistes de l'Opéra exécutent sans vergogne, avec des cornets, les parties écrites spécialement pour les trompettes.

Sans aucun espèce de doute, Rossini, dans le *Pas des Soldats,* de *Guillaume Tell ;* Auber, dans son ballet de la *Muette ;* Halévy, dans l'ouverture de la *Juive,* à l'attaque bien connue : *si b mi b,* ont désiré des trompettes et non pas des cornets, par les deux raisons suivantes, qui ne souffrent aucune réplique : ceux-là, parce que le cornet n'avait pas entièrement droit de cité à l'Opéra, lorsqu'ils ont composé leurs ouvrages, et le dernier parce qu'il a *voulu* des trompettes. Puisqu'il avait des cornets à sa disposition, pourquoi donc n'a-t-il pas écrit ce passage pour eux ? Parce qu'il a préféré, et personne ne pourra lui en faire un crime, l'accent aigu et pénétrant des premières à la sonorité moins éclatante et un peu cotonneuse des seconds.

Il arrive encore à l'Opéra que l'on n'exécute que deux parties de trompettes, quand la partition en exige davantage, par exemple dans le finale du 4ᵉ acte de *Robert-le-Diable*.

Je demande donc, puisque l'on peut avoir maintenant des trompettes justes et sûres d'attaque, que l'on respecte à l'avenir les œuvres de nos illustres devanciers. Je compte beaucoup, pour cette utile réforme, sur mon ami Gevaërt, qu'une très-louable décision directoriale a élevé au poste important de directeur de la musique à l'Opéra. Je compte sur lui pour prendre des mesures *conservatrices* en faveur de ce que je pourrai nommer : *l'ordre musical*. Peut-être même, malgré le rude et brillant apprentissage qu'il vient de subir, y a-t-il déjà songé ? Je le connais assez pour espérer en lui.

Nous nous occuperons, dans le paragraphe suivant, du saxophone *soprano si b* et du saxhorn *soprano si b*.

## II

## INSTRUMENTS INTERMÉDIAIRES.

Les saxophones ont été, de l'avis de tous les musiciens, la plus admirable et la plus utile des inventions de M. Sax. Ce n'était que par tolérance, je l'ai déjà dit, que ces instruments figuraient dans quelques bandes de cavalerie, mais ils y obtenaient des effets charmants. Ils assouplissent le timbre un peu trop résonnant des instruments de cuivre ; dans les batteries d'accompagnement, ils complétent le rhythme par trop accusé des seconds cornets, des saxhorns et des altos.

Avant la suppression des musiques de cavalerie, il en était une qui pouvait servir de modèle et que l'Europe musicale avait le droit de nous envier : c'était la musique des cuirassiers de la garde, que son chef, M. Thibault, dirigeait avec un talent hors ligne. Les quatre saxophones (1) qu'elle possédait y faisaient merveille, par l'alliance heureuse de leur sonorité douce et pleine aux sons stridents et cuivrés des autres instruments.

Il serait donc à désirer que les compositeurs indiquassent dans leurs partitions quatre parties de saxophones, en évitant, par prudence, de les rendre obligatoires.

Le corps du saxophone est fait en cuivre ; cela n'empêche pas cet instrument de tenir avant tout de la clarinette par son timbre, son doigter et surtout par son embouchure à anche simple.

---

(1) Dans les musiques d'infanterie, il y a huit saxophones ; on écrit même quelquefois huit parties séparées.

On sait quel a été le point de départ des travaux de M. Sax. Il a pris pour type les différents registres de la voix humaine et, par une ingénieuse assimilation, il a divisé toutes les familles de ses divers instruments en soprano, contralto, ténor et baryton. C'est surtout pour les saxophones que la famille est complète, unie et tout-à-fait homogène. On y trouve :

1° Le saxophone *soprano si b.*
2° Le saxophone *alto mi b.*
3° Le saxophone *tenor si b.*
4° Le saxophone *baryton mi b* (1).

Le saxophone *soprano si b* possède à peu près l'étendue de la clarinette et la même position qu'elle sur l'échelle diatonique, depuis la moitié supérieure de ses sons de *chalumeau* jusqu'à ce que l'on appelle encore, je ne sais pourquoi, ses notes de *clairon* (2). Seulement on doit faire attention, quand on écrit pour une fanfare, de ne pas faire monter le petit saxophone au dessus de l'*ut écrit (si b* aigu); il deviendrait alors un peu criard et serait trop à découvert à côté des instruments de cuivre, qui ne pourraient le suivre dans ces régions élevées.

Les deux saxophones *alto mi b* et *ténor si b* sont excellents, dans les tenues et dans les batteries d'accompagnements. L'*alto* double à ravir, pour le chant, le *saxhorn-alto mi b*, dont je parlerai tout-à-l'heure, qui remplace avantageusement le cor dans la musique militaire. Ces deux instruments mêlés produisent un timbre sympathique, sonore sans rudesse, bien rond et bien pur, d'autant mieux que le *saxhorn-alto*, à trois pistons,

---

(1) M. Sax a exposé, cette année-ci, deux nouveaux saxophones qui ont eu un immense succès: d'abord un petit saxophone *mi b* à la même portée que le petit *saxhorn* et un *saxophone basse si b*, parallèle au saxhorn basse *si b*.

(2) C'est un vieux souvenir de l'ancienne clarinette. La nouvelle clarinette n'a plus, il est vrai, ces différents timbres; mais on a gagné avec elle une facilité d'exécution inappréciable qui lui a valu le surnom d'*omnitonique*. L'ancienne clarinette était loin de mériter ce titre flatteur.

a le malheur, s'il n'est pas tenu par un bon musicien, d'avoir quelques notes douteuses comme justesse. Je ne citerai qu'un exemple : le *fa écrit*  (*la b*) est souvent trop bas. Avec le saxophone uni au *saxhorn-alto* cette petite défectuosité disparaît complétement.

Comme étendue, ces instruments en possèdent une assez grande. Seulement, comme il faut toujours penser à faciliter l'exécution, surtout lorsqu'on écrit pour une fanfare civile, il est préférable de n'user que des notes contenues dans la *treizième* de l'*ut grave* au *la* (au-dessus des lignes). L'on n'aura rien à redouter ainsi.

Le quatrième saxophone, le baryton, est accordé en *mi b*, c'est-à-dire que son *ut grave* (écrit) donne à l'oreille le *mi b* au-dessous de la portée de la clé de *fa* (1). Cet instrument, très-étendu, plein de ressources infinies, possède des sons très-homogènes tenant à la fois du violoncelle, du basson, et de l'orgue à tuyaux.

S'il m'était permis de citer ici ma modeste expérience, je raconterais ce qui m'est arrivé, pour le saxophone baryton, dans l'Offertoire de ma *Messe militaire*.

Pour rendre un trait arpégé qu'à l'orchestre j'eusse donné aux altos, bassons ou violoncelles, j'avais cru bien faire en employant le saxophone *tenor si b,* qui me semblait avoir ces notes-là excellentes, puisqu'elles sont dans son diapason et s'écrivent ainsi :

A la première lecture, je restai confondu du peu de sonorité, — pour ne pas dire plus — qu'avait ce passage rendu de cette

______

(1) Voyez la planche gravée à la fin de la brochure.

façon et surtout de la mauvaise qualité du *sol écrit* (du *fa*). Je connaissais le mérite de l'instrumentiste, que je tenais à la fois pour un bon exécutant et un excellent musicien. Quel parti fallait-il prendre ?

Pour me tirer d'embarras, M. Léon Magnier, l'habile chef de musique du 1ᵉʳ grenadiers, eut l'idée de faire essayer ce trait par le saxophone-baryton, ce qui lui donnait en notes écrites :

Cela me semblait un peu haut, ce *re sur-aigu* me faisait trembler. Pourtant nous transcrivîmes ce trait sur la partie du saxophone-baryton qui rendit complétement ce que je désirais.

La pratique a donné tort cette fois à la théorie ; le même cas se représentera souvent.

A la fin du même Offertoire, j'ai été enchanté du passage suivant interprété par le saxophone-baryton :

Il n'existe pas, dans l'orchestre symphonique, un instrument capable de reproduire aussi bien que le **saxophone-baryton** l'effet d'orgue que j'avais eu l'intention d'avoir en cet endroit.

Après m'être laissé aller à développer le paragraphe relatif à ce saxophone, je dois revenir sur mes pas, puisqu'il ne peut appartenir, par son essence, à la catégorie des instruments intermédiaires.

Nous allons nous occuper des *saxhorns*.

Ils forment comme les saxophones une famille complète :

1° Le petit *saxhorn-aigu mi b* que nous avons déjà étudié ;

2° Le *saxhorn-soprano si b* ;

3° Le *saxhorn-allo* et le *saxotromba,* tous deux en *mi b* ;

4° Le *saxhorn-baryton si b.*

Le saxhorn *soprano si b* est, comme il a été déjà dit ici, l'émule et le compagnon du cornet *si b.* Son timbre étant plus distingué que celui du cornet, un motif de forme un peu élégante gagnerait beaucoup à être exécuté par le *saxhorn-soprano* au détriment du cornet, ou par ces deux instruments réunis.

L'on peut donner au *saxhorn-allo mi b* toute espèce d'emploi. C'est un serviteur souple et fidèle qui ne trahira jamais la confiance du compositeur. Il chante fort bien, fait des tenues, des dessins d'accompagnement, et rend ainsi des services très-importants dans l'orchestre militaire.

Le *saxotromba* ne diffère de lui que par son corps d'un diamètre un peu plus accusé et par son timbre, qui se rapproche de la trompette, comme son nom l'indique. Le *saxotromba* est aussi d'une plus grande justesse d'attaque que le *saxhorn-allo.*

Celui-ci a beaucoup d'analogie avec le cor de l'orchestre ; seulement, il a sur lui l'avantage de ne pas avoir de notes *bouchées.* Mais je m'arrête..... je m'aperçois à temps que je commencerai volontiers une polémique sur le cor d'harmonie, mon ennemi intime, dont quelques musiciens, par habitude sans doute, aiment les défectuosités, lesquelles ont le tort de m'agacer au suprême degré.

Je n'ajouterai qu'un mot à cette profession de foi sincère.

Si un chanteur, par exemple, avait dans la gamme de sa voix une alternative de notes sombrées et de notes éclatantes, je dirai plus, si un instrument autre que le cor avait les mêmes défauts que lui, on n'aurait pas assez d'injures à jeter à la face du chanteur ou de l'instrumentiste.

Pourquoi donc continue-t-on à accepter, que dis-je? à prôner le cor d'harmonie, qui n'est, à tout prendre, que le premier perfectionnement de la trompe? Pourquoi veut-on faire, coûte que coûte, des qualités de ses défauts? Pourquoi, enfin, ne supprime-t-on pas dans nos orchestres le cor d'harmonie, qui est totalement insuffisant, surtout à notre époque de musique *modulante*, et ne le remplace-t-on pas par le nouveau cor à tubes indépendants, qui possède maintenant, grâce à M. Sax, tous ses sons : bouchés, demi-bouchés ou complétement ouverts, suivant le désir de l'exécutant et du compositeur?

Tous ceux qui ont entendu le trio pour cors à tubes indépendants, composé par Demerssemann et exécuté par les artistes de mérite ayant nom : Schlotman, Bonnefoy et Massart, partagent complétement mon opinion. Il serait à désirer que ce trio fût souvent exécuté, et alors le public ratifierait notre jugement, c'est indubitable.

# III


## INSTRUMENTS MIXTES.


1° Le *saxophone-baryton mi b*, dont il a été longuement question à l'article des saxophones.

2° Le *saxhorn-baryton si b*, qui remplit complétement, dans la musique militaire, l'office de l'alto dans l'orchestre symphonique. Il double les basses et complète l'harmonie dans les accompagnements. On le fait chanter aussi parfois ; mais son timbre n'est pas assez en dehors pour lui donner un chant soutenu. Il est excellent dans les réponses et sert surtout à renforcer les notes élevées des basses.

# IV

## INSTRUMENTS DE BASSE.

Les trombones devraient être scindés, si notre classification était bien rigoureuse ; nous serions tenu à placer les 1er et 2e trombones aux instruments intermédiaires et mettre le 3e seulement aux instruments de basse ; mais tous les compositeurs savent si bien la manière de les employer, qu'il me semble inutile de m'en occuper sérieusement.

Je n'ai qu'à formuler une plainte et à déplorer le fâcheux usage qui permet que la partie de trombone basse soit exécutée par un trombone ténor, comme les autres parties. Tous les musiciens sérieux se joindront à moi dans cette occasion. Il y a de cela longtemps, M. Kastner et après lui M. H. Berlioz, dans leurs *traités d'instrumentation*, ont formulé le même grief. Cela n'a pas empêché ce petit abus de continuer tranquillement son chemin. Serons-nous plus entendu que ces deux maîtres ? J'en doute fort.

Le trombone à coulisses est en usage dans tous les orchestres, le trombone à pistons est employé réglementairement dans les musiques de l'armée et dans la grande majorité des fanfares civiles. On ne peut nier que le dernier ait une très-grande supériorité sur son aîné, comme sûreté d'attaque et, par conséquent, comme justesse. On prétend, par contre, que le trombone à pistons n'a pas le même timbre que le trombone à coulisses.

C'est une erreur, un préjugé admis, que nous devons tous détruire autant qu'il nous sera possible, car plusieurs expériences en ont démontré la complète fausseté. La chose est jugée pour le trombone à 6 pistons à tubes indépendants. On avait autrefois, il est vrai, quelques bonnes raisons à alléguer contre l'ancien trois-pistons ; mais la routine n'est pas prête à lacher si tôt sa proie, elle ne se rendra pas à l'évidence ; c'est la seule chose à craindre.

La nomenclature et la position des trois instruments de basse : basse *si* b, contrebasse *mi* b et contrebasse *si* b, ont été données plus haut. Je n'ai plus qu'à faire l'observation suivante : il faut éviter, si la chose est praticable, de les faire descendre plus bas que le *sol écrit*. J'ajouterai même que pour la contrebasse *si* b, cette note pourrait être encore un peu trop grave, quand on écrit pour des exécutants de force moyenne.

J'ai cru opportun, comme résumé de mon Etude, de
tracer un tableau-modèle de la partition d'une fanfare
et d'y placer en regard toutes les notes écrites de cha -
que instrument : notes ouvertes, intervalles chroma-
tiques avec l'effet produit à l'oreille.

De plus, il existe un moyen bien simple de transposition
mentale : c'est de lire sur la clef d'*ut*, quatrième ligne,
les instruments accordés en *si b* ; ceux qui sont accordés
en *mi b*, les lire sur la clef de *fa*, etc. J'ai mis au-dessus
des notes écrites ce procédé bien élémentaire, il est vrai,
mais qui ne peut manquer d'être utile aux compositeurs
peu familiarisés avec le diapason bigarré des instruments de cuivre.

( Voir ci-contre le Tableau-Modèle ).

Paris. — Imprimerie de E. Brière, rue Saint-Honoré, 257.

TABLEAU - MODÈLE
De la partition d'une Fanfare civile et de l'effet réel
des divers instruments qui la composent.
Th. de LAJARTE.
Notes écrites. (lisez en clef de Fa 4.º ligne.)
1. PETIT SAXHORN MI♭.
peu usité.
effet produit.
Notes écrites. (lisez en clef d'Ut 4.º ligne.)
2. CORNETS À PISTONS SI♭.
peu usité.
effet produit.
peu usité.
3. SAXOPHONE SOPRANO SI♭ . . . . . . . . . . . . . . . . . . . . . COMME LES CORNETS À PISTONS SI♭.
Notes écrites. (lisez en clef de Fa 4.º ligne.)
4. SAXOPHONE ALTO MI♭.
effet produit.
Notes écrites. (lisez en clef d'Ut 4.º ligne.)
5. SAXOPHONE TÉNOR SI♭.
effet produit.
Notes écrites. (lisez en clef de Fa 4.º ligne.)
6. SAXOPHONE BARYTON MI♭.
effet produit.
Notes écrites. (lisez en clef de Fa 4.º ligne.)
7. TROMPETTES MI♭.
effet produit.
Notes écrites en effet réel.
8. TROMBONES.
9. SAXHORNS SOPRANI SI♭ . . . . . . . . . . . . . . . . . COMME LES CORNETS À PISTONS SI♭.
10. SAXHORNS ALTOS, SAXO-TROMBAS MI♭ . . . . . . . COMME LE SAXOPHONE ALTO MI♭.
11. SAXHORNS BARYTONS SI♭ . . . . . . . . . . . . . . . COMME LE SAXOPHONE TÉNOR SI♭.
Notes écrites. (lisez en clef d'Ut 3.º ligne.)
12. BASSES SI♭.
un peu difficile.
effet produit.
Notes écrites. (lisez en clef de Fa 3.º ligne.)
13. CONTRE-BASSES MI♭.
effet produit.
Notes écrites. (lisez en clef d'Ut 3.º ligne.)
14. CONTRE-BASSES SI♭.
effet produit.

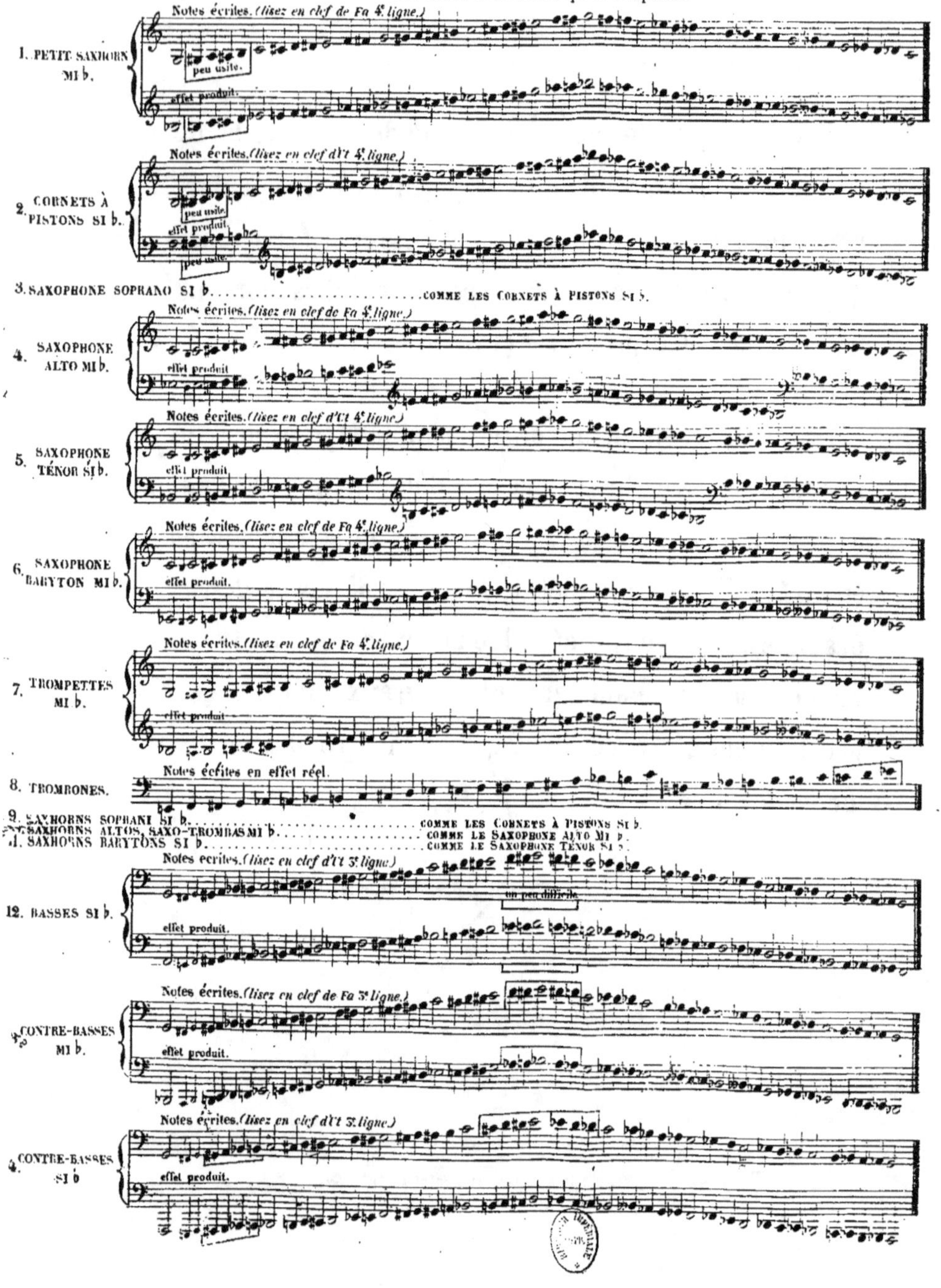

Paris.—Imprim. française et anglaise de E. Brière.